REPLIQUE,

POUR Me MICHELIN, le jeune, ci-devant Notaire au Châtelet de Paris.

CONTRE la Dame veuve LE FEVRE, en présence de Me Robineau, Conseiller du Roi, Notaire au Châtelet de Paris.

ET des Sieur & Dame BIDAULT.

I c'est le propre de la vérité d'irriter ceux qu'elle offense, si l'impression qu'elle fait est d'autant plus vive, qu'elle est exposée avec plus de simplicité & de candeur, on ne doit pas être surpris de trouver la bile de la Dame le Fevre, ou plûtôt celle de Me Montcrif si allumée, dans la réponse qui vient de paroître au Mémoire de Me Michelin, & à la Requeste de Me Robineau.

Mais plus l'imagination de Me Montcrif s'échappe, plus sa colere s'exhale, plus on doit être en garde contre l'artifice & le faux brillant dans lesquels il tâche de s'envelopper.

Rien de plus simple que la deffense de Me Michelin. Il a sacrifié à la vérité la vaine satisfaction de plaire & de séduire ; il s'est livré aux détails les plus ennuyeux, persuadé qu'il n'étoit question que d'instruire, & non de faire illusion. On lui reproche néanmoins *d'être vuide de choses, & d'avoir toujours retours aux mots* (a) ; on lui reproche *d'avoir profané le Temple de la Justice, où il n'a, dit-on, jamais sacrifié ;* on le *traite de malade désespéré qui avale le poison que l'empirique lui présente* (b), *de menteur, d'imposteur insigne* (c), *de traître, de perfide, toujours bourrelé par une sinderese accablante* (d). Voilà ce que Me Montcrif appelle *des choses,* & deja dans son enthousiasme il voit Me Michelin & son deffenseur *faire amande honorable à la vérité, qu'ils ont, dit-il, tenté de deshonorer* (e).

(a) Page 4. du nouveau Libelle de la Dame le Fevre.

(b) Ibid. pag. 1.

(c) Ibid. pag. 3.

(d) Ibid. pag. 4.

(e) Ibid. pag. 6.

A

L'innocence, qui n'a rien à se reprocher, méprise les injures, comme elle méprise la calomnie. Des faits précis, des piéces autentiques forment la deffense de Me Michelin. Il continuera de s'y renfermer, & d'opposer un stile simple soutenu de la vérité, aux outrages, aux emportemens, & aux nouveaux sophismes que le désespoir de Me Montcrif a enfantés.

TROIS plaintes, rendues les unes après les autres dans l'espace de sept semaines, font l'objet de la contestation, & toutes se rapportent à un Contrat de constitution de 1500 liv. de rente, passé par les Sieur & Dame Bidault au profit du sieur le Fevre le 3 May 1738.

C'est la Dame le Fevre par qui Me Montcrif a fait rendre ces plaintes, quatre ans après la passation du Contrat, après qu'il a été pleinement exécuté par le sieur le Fevre, par ses héritiers, & par la Dame le Fevre elle-même. Le sieur le Fevre ne s'est point plaint de son vivant ; ses héritiers ne se plaignent point encore aujourd'hui ; la veuve seule, qui n'a qu'un tiers dans la propriété du Contrat, & l'usufruit seulement du surplus, se plaint contre son propre fait, au mépris de son acquiescement au Contrat.

La nature de ces plaintes, l'ordre dans lequel elles ont été faites, & l'intervalle qui se trouve entre chacune, sont autant de circonstances qui méritent une extrême attention.

La premiere plainte du 16 Avril 1742. se réduit à la supposition d'un prétendu abus de confiance. Me Michelin a, dit-on, abusé de la confiance du sieur le Fevre, pour l'engager à prêter 30000 livres à constitution, à des gens abîmés de dettes, dont tous les biens saisis réellement annonçoient l'insolvabilité.

C'est peut-être la premiere fois qu'on s'est avisé de porter au criminel une affaire de cette espece. Elle ne pourroit même produire une action civile, parce qu'en supposant, ce qui n'est pas, que Me Michelin eut conseillé le sieur le Fevre, & qu'il l'eut mal conseillé, c'est un principe que personne n'est garand de ses conseils.

Aussi fut-il impossible d'obtenir que l'on informât sur cette premiere plainte. Me Montcrif ne l'avoit imaginée que pour parvenir par ce détour à une preuve testimoniale prohibée par les Ordonnances, ce qui dans le vrai étoit d'autant moins admissible, que toutes les allégations, qui font la base de la plainte, tombent à la simple lecture du Contrat, dans lequel on voit que l'état des affaires des sieur & Dame Bidault, tout le montant de leurs dettes, tout celui de leurs biens a été mis sous les yeux du sieur le Fevre, d'où il résulte qu'il a contracté en parfaite connoissance de cause, ce qui dissipe jusqu'à la plus légere idée d'abus de confiance.

Qu'est-ce que la seconde plainte du 23 May 1742. postérieure de plus de cinq semaines à la premiere ?

Tout-à-coup il paroît sur un cahier d'extraits de quelques piéces, cahier remis six mois auparavant à Me Montcrif, une falsification qui donne lieu à la plainte.

Il n'en avoit point été question jusqu'alors, ni à l'Assemblée des Notaires lorsque Me Montcrif s'y étoit déchaîné contre Me Michelin, ni chez Monsieur le Procureur Général lorsqu'on avoit traduit Me Michelin devant ce Magistrat, ni dans la plainte en abus de confiance, & cependant la falsification est si grossiere, qu'elle saute aux yeux, & qu'il n'y a personne à qui elle puisse échapper à la premiere inspection.

. D'où vient donc le silence constant de Me Montcrif durant plus de six mois sur un délit si capital & si évident ? D'où vient qu'après toutes ses méditations sur cette piéce, dont toutes les marges se trouvent chargées de notes écrites de sa main, il n'a jamais dit que la datte en eût été falsifiée, quoiqu'il ait eû tant d'occasions d'en faire l'observation ? D'où vient que l'on n'en trouve aucune trace, même dans la premiere plainte ? Etoit-ce ménagement pour Me Michelin, contre lequel on se portoit aux plus grandes extrêmités, jusqu'à le poursuivre par la voie extraordinaire ? Ou plûtôt n'est-ce pas une preuve convaincante que la falsification n'avoit pas encore été faite le 16 Avril 1742. lors de la premiere plainte, & que cette œuvre d'iniquité n'a été consommée que dans l'intervalle entre les deux plaintes ?

Dans ces circonstances à qui est-il naturel de l'imputer ? Pensera-t'on que Me Michelin en soit l'auteur, lui qui depuis si long-tems n'avoit point la piece dans ses mains, lui à qui ce crime ne pouvoit être d'aucune utilité, lui contre lequel au contraire on en vouloit faire la matiere d'un procès criminel ?

La troisiéme plainte a été rendue le 3 Juin 1742. pour étayer les deux autres. Elle attaque un renvoi qui se trouve sur la minute & sur la grosse du Contrat. On fait dire à la Dame le Fevre que ce renvoi, qui est paraphé de son mari, comme de toutes les autres parties, a été ajouté après coup, & que le paraphe du sieur le Fevre qui s'y trouve a été surpris le 12 Septembre 1738. à l'occasion de l'Acte de décharge de pieces que l'on fit signer ce jour-là au sieur le Fevre. Cet Acte est à la suite du Contrat, ce qui donne lieu à Me Montcrif d'insinuer, *qu'en le faisant signer & parapher par le Fevre, on lui a tout de suite fait parapher le renvoi ajouté sur la minute du Contrat. Il n'y avoit*, dit Me Montcrif, *que le feuillet à tourner* *.

Il faudroit donc que les paraphes du sieur le Fevre sur l'Acte du 12 Septembre 1738. & celui du renvoi sur la minute du Contrat fussent du même point de tems, de la même encre, & de la même plume. Si cela n'est point, si au contraire ces paraphes sont absolument dissemblables, le systême de la troisiéme plainte sappé par le fondement croule nécessairement. Or la dissimilitude de ces paraphes a été constatée d'une maniere sans replique lors de la confrontation de Me Robineau avec les Experts.

. Quel intérest d'ailleurs Me Michelin auroit-il eu de commettre ce faux ? Il est évident qu'il ne lui en pouvoit encore rien revenir, & on

* Premier Libelle de la Dame le Fevre, pag. 8. Requête de conclusions civiles, p. 7.

ne peut raifonnablement préfumer qu'une perfonne fenfée fe porte à faire un faux fans néceſſité.

Il y a enfin plufieurs Actes paſſés dans l'intervalle du Contrat de conſtitution, & de l'Acte du 12 Septembre, il y en a parmi ces Actes qui ont été paſſés chez d'autres Notaires, lefquels fuppofent néceſſairement l'exiſtence du renvoi, long tems avant le 12 Septembre 1738, d'où il s'enfuit que la troifiéme plainte n'a encore qu'un menfonge avéré pour toute bafe.

Telle eſt l'idée générale de l'affaire. Ce n'eſt pas un point d'accuſation fixe & certain, ce n'eſt pas une plainte que la vérité ait dictée fur le champ avec ce ton de fimplicité qui en eſt le principal caractere, ce font toutes manœuvres, dont l'imagination n'eſt venue que fucceſſivement, & qui fe détruifent les unes les autres.

A quels excès ne s'eſt on pas porté dans le cours de l'inſtruction pour les pallier? On a ofé alterer la minute du procès verbal de confrontation, y gliſſer, par un faux impardonnable, une négative à la place d'une affirmative, pour tourner à la charge de Me Michelin une dépofition qui eſt entierement à fa décharge.

Ce n'eſt point là une falfification incertaine, qu'il foit poſſible d'éluder, ni dont l'ufage puiſſe être douteux.

Elle a été juridiquement conſtatée par un procès verbal fait par M. de Monthulé, Confeiller au Parlement, en vertu d'un Arreſt de cette Cour, & voici comment, & à quelle occafion.

A la confrontation de Me Michelin avec Gobin auparavant fon Clerc, qui eſt celui qui a ajouté fur la groſſe du Contrat le renvoi argué de faux, Gobin fut interpellé à la réquifition de Me Michelin, de déclarer s'il n'étoit point vrai, qu'en collationnant la groſſe du Contrat, il s'étoit apperçu que le renvoi qui étoit en marge de la minute n'avoit point été reporté fur la groſſe, & qu'ayant remarqué que la groſſe n'étoit ni fignée, ni paraphée des Notaires, il y avoit ajouté le renvoi. A cette interpellation Gobin répondit affirmativement *qu'il en convenoit*, réponfe fimple, & abfolue, qui fur ce chef eſt la juſtification littérale de Me Michelin.

Ce n'eſt plus cela aujourd'hui, le procès verbal de M. de Monthulé prouve que l'on a falfifié cet endroit de la confrontation, *que pour faire une négation d'une affirmation, on a ajouté un* ɪ, *& de l'ɪ qui y étoit anciennement on en a formé une* N, *& qu'en furchargeant l'ancienne* N *& le mot* EN *qui le fuit, on a fait une négation de l'affirmation qui étoit auparavant, ce qui fait qu'au lieu des anciens mots* LE TEMOIN EN CONVIENT, *il fe trouve écrit ces mots,* LE TEMOIN N'EN CONVIENT.

Une fingularité qui eſt encore établie par ce procès verbal, c'eſt qu'avant cette falfification, il avoit été délivré par le Greffier une expédition de la confrontation, dans laquelle les termes affirmatifs LE TEMOIN EN CONVIENT fe trouvent, comme ils étoient originairement dans la minute de la confrontation.

Il eſt donc indubitable que cette minute a été falfifiée, & qu'elle l'a été au préjudice de Me Michelin.

Il eſt en même-tems certain que l'on a voulu ſe prévaloir de cette falſification dans la Requeſte de concluſions civiles de la Dame le Fevre *, & que l'on y a ſoutenu que, *Gobin avoit répondu ſéchement qu'il n'en convenoit.* Quel air de triomphe n'a-t'on point pris en conſéquence ? *Que cette réponſe du Témoin*, IL N'EN CONVIENT, *eſt énergique*, ſe récrie-t'on, *elle ſignifie autant que ſi le Témoin avoit répondu, je n'ai point collationné la groſſe ſur la minute, ce n'eſt pas moi qui me ſuis apperçu que le renvoi qui étoit en marge de la minute n'avoit point été reporté ſur la groſſe ; je n'ai point remarqué que la groſſe n'étoit ni ſignée ni paraphée des Notaires, & je ne me ſuis point porté de mon propre mouvement à ajouter ledit renvoi ſur la groſſe ; c'eſt vous Mᵉ Michelin qui m'avez fait inſerer ce renvoi dans la groſſe ſans autre explication.*

* Page 55.

Ainſi autant cette falſification étoit contraire à Mᵉ Michelin, autant, comme l'on voit, elle entroit dans les vûës & dans le plan de ſes adverſaires. Que l'on juge après cela qui en peut être l'auteur. Quel qu'il puiſſe être, la préſomption de droit eſt que c'eſt le même qui a falſifié la datte de la collation du cahier d'extraits de piéces, tant parce qu'un crime en annonce un autre, *ſemel malus ſemper præſumitur malus in eodem genere mali*, qu'à cauſe de la nature du crime de faux, qui préſente un deſſein formé de nuire à quelqu'un, *immutatio facta in ſcriptura dolo malo & animo nocendi.* Perſonne n'eſt cenſé faire le mal pour le mal, *nemo gratuito malus.* Il eſt naturel d'imputer le crime à celui qui en tire avantage, *is fecit cui prodeſt.*

Mᵉ. Michelin n'a fait conſtater que c efaux dans les minutes de l'inſtruction criminelle. Il eſt à préſumer qu'il y en a pluſieurs autres, auſquels il ſupplie la Cour de faire attention. Par exemple, à l'occaſion des remiſes que le ſieur Bidault a obtenuës de quelques-uns de ſes créanciers, par le moyen des tranſports faits à Etienette Carré, on fait dire à la Dame le Fevre que le ſieur Bidault, interpellé dans ſon interrogatoire, de déclarer qui avoit requis le tranſport & profité des remiſes, a répondu que *celui qui a requis le tranſport, a profité des remiſes* * ; réponſe amphibologique qui n'eſt ni vraie, ni vraiſemblable, & de laquelle M. le Lieutenant Criminel, qui avoit fait l'interpellation, ne ſe ſeroit aſſurement pas contenté ; au lieu qu'il eſt tout ſimple & naturel que le ſieur Bidault ait répondu que, *c'eſt lui qui a requis le tranſport, & profité des remiſes.* La ſimple inſpection de la minute de l'interrogatoire du ſieur Bidault peut éclaircir le fait.

* Requeſte de concluſions civiles de la Dame le Fevre, pag. 41.
Dernier Libelle de ladite Dame.

Après ces obſervations préliminaires, il ne faut que parcourir rapidement les différentes allégations du dernier Libelle de la Dame le Fevre, pour diſſiper tous les nuages que l'on s'efforce d'y répandre ſur la vérité.

L'ABUS prétendu de confiance, eſt le premier objet qui ſe préſente.

Mᵉ. Michelin a dit, & c'eſt la pure vérité, qu'il ne connoiſſoit point

B

le sieur le Fevre avant cette affaire , d'où il a conclu qu'il n'avoit pas sa
confiance , parce que la confiance n'est pas l'ouvrage d'un jour , &
qu'ainsi il n'en avoit pû abuser. Il a ajouté que ce n'étoit point par son
conseil , mais par le conseil d'autres personnes , & peut-être par celui
de Me Montcrif, que le sieur le Fevre s'étoit déterminé sur le mémoire
du sieur Bidault, à passer le contrat.

Comment , dit on , Me Michelin peut-il dire qu'il n'avoit point la
confiance du sieur le Fevre ? *Le dépôt de 3 0000 liv. que le sieur le Fevre a
fait chez lui le 2 Mai , sans recepissé, n'est-il pas une marque sensible de la confiance la plus parfaite ?* *

Le sieur le Fevre après s'être déterminé sur l'examen des mémoires du
sieur Bidault , à lui prêter les 3 0000 livres en la maniere & aux conditions proposées par ces mémoires, a apporté ses 3 0000 liv. chez Me.
Michelin la veille de la signature du contrat. La confiance a été du jour
au lendemain ; falloit-il pour une confiance de si courte durée que Me
Michelin fût le conseil du sieur le Fevre ? N'étoit-ce pas assez que ce fût
un homme public, dont la probité n'avoit jamais été soupçonnée, que
ce fût le Notaire chez qui l'affaire devoit se consommer le lendemain ?

Il est faux, ajoute-t-on, que Me Michelin ait remis au sieur le Fevre aucun mémoire du sieur Bidault. *Ce fait est démenti par le sieur Bidault
lui même , qui a répondu dans son interrogatoire qu'il n'avoit porté deux mémoires instructifs sur la situation de ses affaires , que dans le tems des 3 0000 livres
données par le Fevre , & là-dessus on se recrie. Ç'a donc été du deux au trois
Mai que le Fevre , Tapissier à Paris , a consulté ses conseils , ou s'est déterminé
par lui-même à prêter 3 0000 liv. à Bidault , qu'il n'avoit jamais vû , & qu'il*

vit pour la premiere fois le 3. Mai , jour de la signature du contrat *.

Si ceux qui font parler la Dame le Fevre , vouloient mettre un peu
plus de bonne foi dans leurs écrits , ils n'abuseroient pas des termes.
Dans le tems que le Decret d'ajournement personnel décerné contre le
sieur Bidault lui fut signifié , il étoit au lit malade ; ce qui l'empêcha de
comparoître , & donna lieu à M. le Lieutenant Criminel de convertir le
Decret d'ajournement personnel en un Decret de prise de corps , en
vertu duquel le sieur Bidault fut arraché de son lit , & traîné en prison.
Croit-on que dans cet état violent les premieres réponses du sieur Bidault , aigri par sa maladie & par son emprisonnement , aient dû avoir
la précision & la netteté des réponses d'un homme qui auroit joüi de
toute la liberté de son esprit ? le sieur Bidault a pû répondre qu'il avoit
fourni ses mémoires *dans le même tems* que le sieur le Fevre avoit remis ses
3 0000 livres , sans que pour cela l'on en dût conclure que les mémoires & les 3 0000 livres eussent été remis *le même jour.* La différence est
grande entre le même jour & le même tems. Des choses qui se passent à
quinze jours ou trois semaines près l'une de l'autre , sont censées
faites dans le même tems , quoiqu'elles ne soient pas faites le même jour.

A la faveur de ces premieres suppositions , on fait dire à la Dame le
Fevre , que *ç'a donc été par son propre fait , & de concert avec Bidault , que
Michelin a eu la lâcheté de s'approprier la plus considerable partie des 3 0000 l.*

prêtés par le Fevre, & de sacrifier l'autre à acquerir des subrogations à des privileges qui n'ont jamais existé *.

Dans son premier Libelle la Dame le Fevre reprochoit au sieur Michelin qu'il avoit profité de 15000 liv. sur les 30000 liv. empruntés du sieur le Fevre *; dans sa Requête de conclusions civiles elle n'a fait consister le profit prétendu du sieur Michelin qu'en deux articles, l'un de 2000 livres, l'autre de 1383 livres *, & dans son dernier Libelle, c'est la plus considerable partie des 30000 livres que Me Michelin s'est appropriée *. Que faut-il que ces contradictions pour faire sentir combien les mémoires de la Dame le Fevre méritent peu de foi? La vérité est toujours la même. Des contradictions si marquées sont des preuves infaillibles du mensonge. A quel témoignage en effet peut-on ici s'arrêter? Le sieur Bidault & les Créanciers qu'il a remboursés des deniers du sieur le Fevre, sont les seuls témoins qui puissent déposer en cette partie. Ces Créanciers sont le sieur Gregoire, le sieur Guymont, la Demoiselle Sauveur, la Demoiselle Foucault, & la veuve Laty. Le sieur Gregoire a déclaré qu'il avoit reçu toute la somme, dont il avoit donné quittance. Le sieur Guymont n'a été ni recollé ni confronté, ce qui, suivant l'Ordonnance, doit faire présumer que sa déposition est à la décharge de l'accusé. Les quittances de la Demoiselle Foucault & de la veuve Laty, ont été passées pardevant Me le Moyne Notaire, chez qui les sommes, qu'elles ont reçuës, avoient été déposées long-tems auparavant. La Demoiselle Sauveur n'a pas été appellée en témoignage. Les Artisans de toute cette malheureuse intrigue n'ont pas jugé à propos de la faire entendre, aiant redouté sans doute sa probité & ses lumieres. Un témoin éclairé & integre est l'écueil de la calomnie. Le sieur Bidault a constamment soutenu qu'il avoit seul profité des remises, que quelques-uns de ses Créanciers avoient bien voulu lui faire sur les interêts & frais, sans que Me Michelin y eût eu aucune part. Tout dément donc ici l'imposture, qui d'ailleurs est étrangere au fond de la contestation. Car enfin qu'importe à la Dame le Fevre, que le sieur Bidault ait obtenu, ou non, des remises de ses Créanciers? Rien de plus indifférent pour elle. Son unique interêt est d'avoir les hypoteques & privileges ausquels le sieur Bidault s'est engagé de faire subroger le sieur le Fevre.

Il y a sur ce chef trois articles qui méritent une explication plus spéciale; sçavoir, celui de l'Office d'Elû, sur lequel le sieur le Fevre a acquis un double privilege, celui de la rente fonciere de 450 livres, dont les maisons de Vaugirard étoient chargées, & celui des transports faits à Etiennette Carré, sur lesquels on continue de répandre le poison de la calomnie, quoique le sieur Bidault n'ait cessé d'assurer que c'étoit lui qui avoit desiré ces transports, & qu'il en avoit seul profité.

Par rapport à l'Office d'Elû & aux privileges, tant de la Dame veuve Gregoire, & du Sieur son fils, que de la Demoiselle Sauveur, sur cet Office, on fait des raisonnemens & des exclamations sans fin, sur ce que *l'on vient*, dit-on, *d'acquerir la preuve que la proprieté de cet Office étoit contestée depuis 1733. & que le contrat de vente passé à Bidault a été declaré nul par Sentence contradictoire renduë aux Requêtes du Palais le 12. Juin 1739* *.

* Page 3. dudit Libelle de la Dame le Fevre.

* Page 11.

* Pages 5. & 6.

* Page

* Pages 4. & 5. du nouveau Libelle de la Dame le Fevre.

Quand cette anecdote auroit toute la réalité possible, quand il seroit vrai que la propriété de l'Office auroit été contestée avec raison au sieur Bidault, & que la Sentence des Requestes du Palais devroit être considerée comme aiant la force de la chose jugée, on demanderoit aux conseils de la Dame le Fevre, par quelle revelation la connoissance de ces faits seroit parvenuë à Mᶜ Michelin ? Pouvoit-il prevoir au mois de Mai 1738. que seize mois après il interviendroit une Sentence aux Requêtes du Palais, laquelle déclareroit nul le Contrat de vente passé au sieur Bidault ? Pouvoit-il même deviner qu'il y avoit un Procès sur la validité de ce Contrat ? Les conseils de la Dame le Fevre disent qu'ils ne viennent que de l'apprendre. Ils l'ont ignoré jusqu'aujourd'hui. Pourquoi veulent-ils que Mᶜ Michelin ne l'ait pu ignorer comme eux ? L'ignorance de fait est toujours pardonnable, à la différence de l'ignorance de droit qui ne s'excuse pas surtout dans les personnes publiques *.

Mais on ne dit qu'une partie de l'affaire dans le Libelle de la Dame le Fevre, & on affecte d'en supprimer la principale.

On auroit dû ajouter que dès le 17 Août 1739 le sieur Bidault avoit obtenu un Arrêt du Parlement, qui l'avoit reçu Appellant de la Sentence des Requestes du Palais, & qui avoit fait défenses de l'exécuter ; que par un autre Arrêt du 5 Septembre 1740 contradictoire avec du Mail, Partie du sieur Bidault, la provision avoit été ajugée à celui-ci, & du Mail condamné aux dépens, & que depuis ce tems, du Mail avoit abandonné l'affaire, sans se mettre en peine de la faire juger.

En effet du Mail n'est qu'un créancier de 160 liv. qui n'étoit point opposant au sceau des provisions, lorsque l'Office a été vendu au sieur Bidault, & que les provisions lui en ont été expédiées. Or par l'Edit du mois de Février 1683. portant réglement pour la vente des Offices, & distribution du prix qui en provient, il est dit, Art. I. *que les créanciers opposans au sceau & expéditions des Provisions des Offices, seront préférés à tous autres créanciers qui auront omis de s'y opposer, quoique privilégiés, & même à ceux qui auroient fait saisir réellement les Offices, & seroient opposans à la saisie réelle.*

Il est vrai qu'il est aussi dit, Art. V. *qu'après la saisie réelle enregistrée, le Titulaire de l'Office ne pourra traiter qu'en présence des saisissans & opposans si aucuns y a, ou eux duement appellés, & que le traité fait par l'Officier sera nul, quoique les oppositions ne fussent que pour conserver, & non au titre, si ledit traité n'est omologué avec les créanciers.*

Mais du Mail n'étoit pas non plus opposant à la saisie réelle. Ce créancier à qui il n'est dû que 160 liv. ne s'étoit point fait connoître, en sorte que l'on n'a du ni pu l'appeller au Contrat de vente. Ce Contrat a été passé par les héritiers, en présence de tous les créanciers opposans au sceau & à la saisie réelle, & la Dame veuve Gregoire & le sieur son fils, qui étoient les poursuivans la saisie réelle, y ont acquiescé. C'en est assez pour que ce Contrat ne puisse être légitimement attaqué. Il n'a point été omologué, parce que l'omologation devient superflue & inutile, lorsque toutes les Parties intéressées ont signé.

On

* *Regula est, juris quidem ignorantiam cuique nocere, facti vero ignorantiam non nocere. L. 9. ff. de jur. & fact. ign.*

On parle dans le Libelle de la Dame le Fevre * d'une veuve Gallois, qui a été reçue oppofante à toute la procédure faite fous le nom
de la veuve Gregoire & de fon fils depuis le jour qu'ils ont été payés
de leurs créances fur la fucceffion Cothin.

Cette veuve Gallois eft du nombre des héritiers Cothin, qui ont
figné le Contrat de vente, elle ne peut par conféquent inquiéter le
fieur Bidault fur la proprieté de fon Office.

Mais, objecte-t'on encore *, *la veuve Gregoire & fon fils n'avoient que
deux obligations du fieur Cothin en datte des 4. Janvier 1717. & 17. Mai
1719. qui ne produifoient que de fimples hypoteques fur les biens de Cothin, à
qui l'Office d'Elû appartenoit.*

Ces obligations n'étoient à la vérité qu'hypotequaires fur l'Office tant
qu'il a appartenu à Cothin ; mais elles font devenuës privilegiées fur le
même Office, lorfqu'il a paffé au fieur Bidault, parce que le fieur Bidault a été expreffément chargé par le contrat de vente de les acquitter
par préference à toutes autres, & que d'ailleurs tous les créanciers du
fieur Cothin oppofans au fceau des provifions du fieur Bidault, font
privilegiés fur l'Office, comme étant aux droits du vendeur, & comme
devant être payés preferablement à tous autres fuivant l'Edit du mois de
Février 1683.

La créance de la Demoifelle Sauveur eft, dit-on, dans le même cas.
C'étoit une fimple hypoteque contre Cothin, laquelle remontoit au 13.
Avril 1717*.

C'étoit une fimple hypoteque contre Cothin, mais qui eft deve-
nue privilegiée contre le fieur Bidault par les raifons que l'on vient
d'expliquer.

Mais pourquoi avoir plûtôt rembourfé la Demoifelle Sauveur que le
fieur Boutet * ?

Mᶜ Michelin en a dit la raifon dans fon premier Mémoire ; c'eft
qu'entre plufieurs Créanciers oppofans au fceau, les plus anciens en hypoteque l'emportent, & que l'hypoteque de la Demoifelle Sauveur
étoit beaucoup plus ancienne que celle du fieur Boutet.

*Que Mᶜ Michelin datte au moins l'hypoteque du fieur Boutet, fans
quoi il dit un rien,* fait-on encore dire à la Dame le Fevre*.

La créance du fieur Boutet n'eft que du 22. Janvier 1730. & l'on eft
forcé de convenir dans le mémoire de la Dame le Fevre, que celle de
la Demoifelle Sauveur eft du 13. Avril 1717. par conféquent antérieure
de 13. ans à l'hypoteque du fieur Boutet.

Les privileges fur l'Office d'Elû affurés au fieur le Fevre par les rem-
bourfemens faits à la Dame veuve Gregoire & fils, & à la Demoifelle
Sauveur, font donc inconteftables, & ces privileges qui montent enfemble à la fomme de 11680 livres, font d'abord plus du tiers du
capital du contrat.

Quant aux maifons de Vaugirard, on ne peut contefter dans le mémoire de la Dame le Fevre, que le fieur Guymont, vendeur de ces
maifons, ne fût privilegié pour le prix qu'il les avoit vendues, ainfi que
pour les interêts, & ce privilege eft de 10200 livres.

* Page 5.

* Ibid. pag. 7.

* Ibid. page 8.

* Ibid. page 7.

* Ibid.

C

Mais on s'attache à deux branches. *Les maisons* , dit-on , *étoient chargées d'une rente fonciere de 450 livres, du remboursement de laquelle on ne justifie point ; & qu'est-ce qu'un privilege de 10200 liv. sur des maisons qui n'ont été acquises que 8000 livres* * ?

* Ibid. pag. 8. 9.

La réponse sur ces deux points est peremptoire. Le sieur Bidault a produit la quittance du remboursement de la rente fonciere, passée pardevant Camuset & son confrere, Notaires au Châtelet de Paris , le 23. Août 1735. & il est justifié par le bail des maisons, ausquelles il a fait des améliorations & augmentations considerables depuis qu'il les a acquises, qu'elles sont actuellement louées 800 livres. Quand les conseils de la Dame le Fevre s'obstineront à soutenir que des maisons louées 800 livres ne sont pas suffisantes pour répondre d'un privilege de 10200 livres , leur obstination ne servira qu'à faire connoître combien la passion aveugle les personnes les plus intelligentes.

Voilà donc déja pour 21880 livres de privileges , tant sur l'Office d'Elû , que sur les maisons de Vaugirard.

Non , se recrie-t-on encore , les privileges de la créance de la Demoiselle Sauveur , & de celle du sieur Guymont ont été éteints, si ce n'est point Me Michelin qui a acquis sous le nom de sa Servante, & en

* Ibid. pag. 9. & 10.

voici la preuve dans un dilemme *. *La Carré étoit prête-nom ou de Michelin ou de Bidault* ; si elle prêtoit son nom au premier , il en résulte que c'est lui qui a acquis à vil prix sous le nom de sa Servante; si c'étoit le sieur Bidault qui se servoit de son nom , les créances du sieur Guymont & de la Demoiselle Sauveur , acquittées des deniers du sieur Bidault, ont été éteintes , & l'extinction des privileges a nécessairement suivi celle des deux créances.

Il y a un grand fond de noirceur dans ce dilemme , noirceur d'autant plus inexcusable, qu'elle tourneroit contre la Dame le Fevre elle-même, si elle pouvoit produire quelque effet. Me Michelin n'a eu d'autre part aux transports , que celle de les avoir passés comme Notaire. Ainsi il faut d'abord retrancher la premiere partie du dilemme , dans laquelle il est surprenant que l'on persevere , après que l'on a vu le sieur Bidault soutenir constamment que la voye de ces transports avoit été pratiquée en sa faveur , pour lui procurer quelques remises. Si les transports avoient précédé le contrat du 3. Mai , peut-être auroit-on pû soupçonner Me Michelin d'avoir fait prêter pour se rembourser ; mais le moyen d'imaginer que Me Michelin ait fait faire ce prêt en vûe de transports qui n'existoient point ? Les transports étant postérieurs au contrat , ayant été passés en présence, & à la réquisition du sieur Bidault, qui a toujours soutenu que lui seul en avoit profité , il n'en résulte qu'une forme d'operer, qui sans nuire au sieur le Fevre , a procuré un petit soulagement au sieur Bidault. Les créances n'ont point été éteintes pour cela ; elles ont subsisté sur la tête de la Carré. C'a été une fiction , & une fiction permise , parce que la Justice autorise toutes les opérations qui tendent au soulagement des débiteurs , lorsqu'elles n'ont rien de contraire aux loix ni aux bonnes mœurs. Les privileges ont passé avec les créances sur la tête de la Carré par le moyen de cette fiction , & la Carré les a tranfmis au fieur le Fevre, à qui ces tranfports étoient abfolument in-différens, & qui de quelque maniere qu'il fût fubrogé aux privileges par l'emploi de fes deniers, n'avoit aucun fujet de fe plaindre.

Refte le privilege de la créance de la Demoifelle Foucault, & de celle de la veuve Laty fur les biens de la fucceffion de la Dame de Monanteuil.

Le détail des piéces qui operent le privilege de cette partie, eft dans le premier mémoire de Me Michelin * ; on fe contente dans le Libelle de la Dame le Fevre de répondre en termes vagues que Me Montcrif, à qui ces piéces ont été communiquées en préfence de M. le Procureur Général, les a rendues, *comme n'établiffant aucun privilege de quelque nature qu'il puiffe être* * ; & fans entrer dans la difcuffion de ces piéces, on fe borne à dire, *que c'eft une légataire univerfelle, qui abandonne à Bidault tout le fruit de fon legs, moyennant 3000 livres, à la charge de payer toutes les dettes ; qui fe referve enfuite de rentrer dans les biens abandonnés, & qui eft demeurée néanmoins en poffeffion actuelle, pour acquitter perfonnellement toutes les dettes dont le démiffionnaire eft chargé* *.

Il n'y a rien dans les piéces qui puiffe faire préfumer que la Demoifelle Foucault foit demeurée en poffeffion des biens de la Dame de Monanteuil, après les avoir abandonnés au fieur Bidault. Au contraire l'Acte d'abandon a emporté fur le champ la défappropriation de la Demoifelle Foucault. La referve de rentrer dans fes biens, fi le fieur Bidault ne fatisfaifoit pas aux charges & conditions de l'Acte, eft une referve de droit, qui ne pourroit porter atteinte au privilege acquis au fieur le Fevre, qu'autant que l'on juftifieroit que le fieur Bidault n'a point fatisfait aux engagemens, fous la condition defquels la Demoifelle Foucault lui a tranfporté tous fes droits dans la fucceffion de la Dame de Monanteuil ; mais on n'allegue aucun fait à cet égard contre le fieur Bidault, & c'eft au contraire pour achever de remplir les engagemens qu'il avoit pris par l'Acte d'abandon, que le fieur Bidault a rembourfé la Demoifelle Foucault, & la veuve Laty des deniers du fieur le Fevre, au moyen de quoi le fieur le Fevre a acquis un privilege indubitable fur tous les biens compris en l'Acte d'abandon, tous étant inconteftablement affectés par privilege à l'exécution de cet Acte. Ces biens actuellement exiftans confiftent entre autres, en une maifon rue de la Cordonerie, qui eftimée au denier vingt, fur le pied de 850 livres de loyer vaut 17000 livres, & dans le quart d'une maifon rue Ferou lequel vaut au moins 5000 liv. en forte que voilà encore deux immeubles enfemble de 22000 liv. qui répondent par privilege des 6638 liv. 9 fols 8 deniers, payés à la Demoifelle Foucault & à la veuve Laty des deniers du fieur le Fevre ; & en joignant cette partie aux trois de la veuve Gregoire & fils, de la Demoifelle Sauveur, & du fieur Guymont, il fe trouve qu'il y a pour 28003 liv. de privileges bien affurés fur les 30000 livres qui font l'objet de la conteftation.

La créance du fieur Cay de 2000 livres, eft la feule fimplement hypotequaire, qui ait été rembourfée des deniers du fieur le Fevre.

Me Michelin ne difcute que les faits. Il rougiroit de répondre aux in-

jures dont le Libelle de la Dame le Fevre eſt ſemé , autrement que par
le plus ſouverain mépris.

* Pages 13. 14.

SUR la partie qui concerne le faux , il plaît aujourd'hui à la Dame
le Fevre de renverſer l'ordre de ſes plaintes. *Toute choſe , lui fait on dire
dans le nouveau Libelle ** , a ſon* GERME *&* ſon *principe. Le premier
faux eſt le renvoi porté ſur la minute du Contrat de conſtitution du 3 Mai
1738 après ſa perfection , & reporté ſur la groſſe auſſi après ſa perfection...
Les faux qui ſe rencontrent dans la décharge du 12 Septembre 1738 , &
dans l'extrait de piéces véritablement vidimé le 16 Septembre de la même
année , ne viennent qu'enſuite , comme renfermant* DES SEQUENCES DU PRE-
MIER GERME *qui les avoit produits , c'eſt à-dire , du renvoi mis après coup
ſur la minute & ſur la groſſe du Contrat du 3 Mai 1738 ;* & de-là on
ſaiſit l'occaſion de reprocher à Mᵉ Michelin, qu'il *a préferé de diſcuter les
effets avant leur cauſe.*

Comme tous les eſprits ne ſont pas capables d'un rafinement ſi re-
cherché , on auroit bien dû , pour l'intelligence du nouveau plan, dé-
velopper *ce premier germe & les ſéquences de ce premier germe* , & nous
expliquer pourquoi , ſi la décharge du 12 Septembre 1738 , & le faux
du cahier d'extraits ne ſont qu'une *ſéquence* du premier faux commis
ſur le renvoi du Contrat du 3 Mai , la Dame le Fevre a mis *la ſéquence*
avant *le germe* , en portant ſa plainte contre l'acte de décharge , &
contre le faux de l'extrait , onze jours avant de ſe plaindre du faux
imaginé enſuite ſur le Contrat ; car ce n'eſt point Mᵉ Michelin qui a
ainſi diſpoſé l'ordre des choſes , il n'a fait que ſuivre la voye que la
Dame le Fevre lui avoit tracée.

Dans le vrai c'eſt une imagination , une chimere que *ce germe* & *cette
ſéquence*. Bien loin que le renvoi argué dans le Contrat ſoit *le germe*
de l'acte de décharge , il réſulte au contraire de cet acte , que le renvoi a été ajouté de la participation du ſieur le Fevre dans l'inſtant du
Contrat , puiſque le ſieur le Fevre approuve par la décharge pluſieurs
actes paſſés dans l'intervalle , leſquels ſuppoſent néceſſairement l'exiſtence du renvoi. Bien moins encore peut-on regarder le renvoi du
Contrat comme *le germe* du faux commis ſur le cahier d'Extraits , n'y
ayant aucune relation de l'un à l'autre. Qu'eſt-ce en effet que le renvoi
argué de faux ſur le Contrat ? C'eſt un renvoi que les Parties ont fait
ajouter pour ne laiſſer aucun vuide dans l'emploi qui devoit être fait
des deniers du ſieur le Fevre , & pour lui procurer un privilege plus
ancien que celui qui avoit été ſtipulé dans le projet du Contrat fait ſur
le mémoire du ſieur Bidault. Qu'eſt-ce d'un autre côté que la falſification du cahier ? Elle ne tombe que ſur la datte de la collation :
Elle n'influë en rien ſur le corps du cahier ; on ne prétend point que
les extraits des pieces y inſerées ſoient faux. On ſuppoſe ſeulement
qu'on a voulu faire croire que le cahier avoit été collationné le 12
Septembre 1738 , au lieu qu'il ne l'a été que le 16 , & que pour cela

on

on a fubftitué groffierement le nombre *douze* au nombre *feize*. Qu'y a-t'il là de commun avec la faculté laiffée au fieur Bidault de rembourfer la Demoifelle Sauveur à la place du fieur Boutet ? Où eft *le germe ?* où eft *la féquence ?* Ce font des mots vuides de fens , lefquels ne préfentent qu'un précieux galimatias.

Le furplus du Libelle fur les deux plaintes de faux ne confifte qu'en Objections & Réponfes, dans lefquelles on bat la campagne , & l'on continuë de fe livrer à une déclamation auffi indécente qu'injufte , fans effleurer feulement les exceptions principales, qui établiffent fi victorieufement , & l'innocence de Me Michelin, & la malice de fes adverfaires.

Quels moyens contre les deux plaintes de faux en général , que l'exécution du Contrat de la part du fieur le Fevre durant fa vie , que l'exécution du même contrat depuis fa mort de la part de fes héritiers , & de celle de fa veuve elle-même , que le filence actuel des héritiers qui ne prennent point de part aux plaintes de la veuve le Fevre , quoiqu'ils ayent les deux tiers dans la proprieté du contrat ! Quel moyen que le propre filence de Me Montcrif fur un point fi capital, dans les occafions mêmes où il ménageoit le moins Me Michelin, lorfqu'il le pouffoit à outrance & à fa Compagnie, & devant Monfieur le Procureur Général, lors enfin qu'il fit rendre à la Dame le Fevre la premiere plainte, pour parvenir à le pourfuivre criminellement ! Combien furtout cette exception a-t'elle de force , par rapport au faux du cahier d'extraits , que Me Montcrif avoit dans fes mains depuis plus de fix mois, fur lequel il avoit médité fans ceffe, jufqu'à en charger toutes les marges de notes , & dont la falfification eft fi évidente qu'elle *faute aux yeux* [*], pour fe fervir des termes de Me Montcrif ! Quel moyen en particulier contre le prétendu faux du renvoi, que l'on fuppofe avoir été ajouté le 12. Septembre au contrat paffé le 3. Mai précédent, que les Actes paffés dans le tems intermédiaire, non-feulement dans l'Etude de Me Michelin , mais encore chez M^e le Moyne Notaire , Actes multipliés , dont il n'y a pas un qui ne fuppofe néceffairement le renvoi ! Quel moyen encore contre cette plainte, que l'approbation donnée par le fieur le Fevre dans l'Acte du 12. Septembre, à tous ces Actes intermédiaires, qu'il a reconnu lui avoir été remis, dont il a donné fa décharge fans s'en plaindre ! Quel moyen enfin que les longs intervalles qui fe trouvent entre les trois plaintes, & que l'époque de celle contre le renvoi du contrat, laquelle fe trouve la derniere, quoique felon Me Montcrif, ce faux prétendu fût *le Germe* de tous les autres ! Me Michelin a eu grand foin de relever toutes ces particularités, & de faire fentir combien cette conduite eft éloignée de la *vérité , qui fimple & unie , & toujours amie de la lumiere , fe produit tout d'un coup , & paroît d'abord ce qu'elle doit être ; au lieu que la calomnie , que l'interêt & l'imagination enfantent , ne marche qu'à pas incertains par des routes tortueufes , & ne fe developpe que par degrés* [*].

On a laiffé à l'écart tous ces moyens, fans y faire la moindre réponfe dans le nouveau Libelle de la Dame le Fevre.

Avec quelle prudence encore y paffe-t-on l'éponge fur la falfification

[*] Page 9.

[*] Premier Libelle de Me Montcrif, pag. 9.

de la confrontation du sieur Gobin, falsification qui avoit fait le triomphe de la Dame le Fevre dans sa Requeste de conclusions civiles * ? L'iniquité craint aujourd'hui de tomber dans la fosse qu'elle a voulu creuser à l'innocence. On est muet sur cette œuvre de ténebres.

* Page 55.

Sur quoi roule donc le nouveau Libelle de la Dame le Fevre, par rapport à ses deux plaintes de faux ?

On y suppose que les objections, ou pour parler plus exactement, les propositions de Me Michelin qui concernent le renvoi argué de faux sur la minute & la grosse du contrat, se réduisent à sept principales *; sçavoir, la premiere, que ce renvoi ne contient qu'une alternative, proposée à l'instant de la signature du contrat, plus avantageuse que nuisible au sieur le Fevre, puisque l'hypoteque de la Demoiselle Sauveur étoit antérieure à celle du sieur Boutet *; la seconde, que ce renvoi est paraphé de toutes les parties, du sieur le Fevre, comme des autres, & des Notaires à qui il ne pouvoit rien revenir du faux supposé *; la troisiéme, qu'il n'étoit pas possible que lors de la signature de l'Acte de décharge, on eût tourné le feuillet pour faire parapher au sieur le Fevre un renvoi sur le contrat, sans que le sieur le Fevre s'en fût apperçu, surtout y ayant au renvoi du contrat le paraphe de la veuve le Fevre qui est fort long, & laquelle n'étoit point partie en l'Acte de décharge *; la quatriéme, que la différence qui se trouve dans l'ordre des paraphes sur les différens renvois du contrat, est un effet du hazard; qu'il arrive tous les jours qu'une Partie en paraphant saute un renvoi, & qu'on lui fait ensuite réparer son oubli; que même à le bien prendre, l'ordre indifférent des paraphes est une marque certaine de bonne foi *; la cinquiéme, que l'un des Experts a toujours persisté à ne reconnoître aucun faux dans les deux Actes, & que celui qui avoit d'abord crû trouver similitude d'encre & de plume, & même point de temps dans l'Acte du 12. Septembre 1738. & dans le renvoi de la minute du contrat, avoit été forcé de se retracter, sur le vû des piéces, à sa confrontation avec Me Robineau *; la sixiéme, que si le même renvoi se trouvoit aussi ajouté après coup sur la grosse, c'est que les Clercs les plus attentifs étoient sujets à passer des renvois & des lignes dans le corps des Actes en les grossoyant; que Ducrot, l'un des Clercs que la Dame le Fevre avoit fait entendre, en étoit convenu, & que Gobin, autre Clerc aussi entendu en témoignage à la réquisition de la veuve le Fevre, & qui étoit celui qui avoit collationné la grosse, & ajouté le renvoi sur cette grosse, étoit convenu à la confrontation, que le renvoi avoit été omis dans la grosse, qui n'étoit ni signée ni paraphée des Notaires, & que c'étoit lui qui l'avoit alors ajouté; que la raison de cette omission avoit été toute naturelle, le renvoi étant encore aujourd'hui mal marqué sur la minutte *, la septiéme enfin, que si en portant la Demoiselle Sauveur pour 5000 tant de livres dans le renvoi, on n'avoit point rectifié les endroits du corps du contrat, où elle avoit été portée pour 4000 livres, c'est parce que le renvoi rectifioit suffisamment cette erreur; que si elle étoit portée en termes vagues pour 5000 tant de livres, c'est parce que le sieur Bidault n'ayant point ses piéces dans les mains, il n'avoit pu fixer précisément le montant des inté-

'* Nouveau Libelle de la Dame le Fevre, page 14.

* Ibid.

* Ibid. page 16.

* Ibid.

* Ibid. page 17.

* Ibid. page 18.

* Ibid.

rêts & des frais ; que si après le renvoi on avoit encore laissé la Demoiselle Sauveur dans la classe des créanciers qui devoient être remboursés des deniers de Madame de Jassaud , c'étoit parce que le renvoi ne contenant qu'une alternative , il pouvoit arriver que l'on remboursât tout autre créancier que la Demoiselle Sauveur , si par l'évenement , il s'en étoit trouvé quelqu'autre plus privilegié , dont le remboursement eût été plus avantageux au sieur le Fevre ; qu'enfin si dans le transport de la Demoiselle Sauveur à Etiennette Carré , on n'avoit point parlé de sa délégation sur le sieur le Fevre , c'est parce qu'il étoit inutile d'en parler dans ce transport , & qu'il suffisoit que la déclaration en fût faite dans la quittance de remboursement d'Etiennette Carré*.

* Ibid. pag. 19. & 20.

La réponse de la Dame le Fevre à la premiere proposition est fort longue , & ne signifie rien.

La convention nouvelle subitement arrêtée, a dû , dit-elle , avoir ses motifs, & des motifs très-intéressans , puisqu'elle changeoit dans une partie importante l'œconomie du contrat. Or , ajoute-t'elle , Michelin & Bidault sont demeurés sans réponse sur les motifs *.

‡ Page 14.

Il est surprenant qu'on ose faire tenir ce langage à la Demoiselle le Fevre après lui avoir fait expliquer dans l'objection même l'un de ces motifs ; sçavoir , que l'hypoteque de la Demoiselle Sauveur étoit plus ancienne que celle du sieur Boutet.

Ce n'étoit pas le seul motif ; il y avoit une nécessité d'ajouter cette alternative pour ne laisser aucun vuide dans les privileges que le sieur le Fevre devoit acquerir par l'emploi de ses deniers. On avoit fixé dans le contrat le montant de chaque partie à rembourser , sur les mémoires du sieur Bidault , & ce montant n'étoit pas juste , n'y ayant pas une seule de ces parties qui ne dût être plus forte , à cause des intérêts & frais , & ce fut pourquoi il ne fut pas seulement question du payement de la Demoiselle Sauveur dans le renvoi , mais encore *du payement de plus grandes sommes , s'il s'en trouvoit dûes aux autres créanciers, qui excedassent celles susdésignées , toutesfois jusqu'à la concurrence de 30000 livres.*

On fait encore épiloguer la Dame le Fevre sur ce que Bidault a ré pondu dans l'un de ses interrogatoires, qu'il avoit remis *ses mémoires dans le même temps* que le sieur le Fevre avoit remis ses 30000 livres, à quoi l'on a répondu ci-dessus ; on l'a fait incidenter sur ce que ni Michelin , ni Bidault n'avoient les titres de la Demoiselle Sauveur lors de la passation du contrat , qu'ils n'ont pû même les remettre lors du remboursement fait à Etiennette Carré , après le transport de la Demoiselle Sauveur. *Comment Michelin sans titres , sans piéces , sans instruction , a-t'il osé intervertir l'ordre d'un contrat , & fixer hardiment par un renvoi , à 5000 tant de livres , sans autre examen , le montant d'une créance désignée à 4000 livres en deux endroits du contexte du contrat par lui rédigé sur un mémoire du débiteur *.

‡ Pag. 15. & 16.

C'est sur l'instruction du même débiteur , & parce que toutes les parties l'ont desiré , que Me Michelin a fait ce changement. Il n'avoit pas besoin des titres , ni des piéces pour cela. Le sieur Bidault avoit sçû du Procureur de la Demoiselle Sauveur à quoi montoient environ les intérêts & les frais ; c'est la raison pour laquelle la totalité de la somme qui étoit dûe n'eſt point préciſément exprimée , & que l'on s'eſt contenté de dire en général *5000 tant de livres.*

On inſiſte pour la Dame le Fevre , & l'on prétend que les intérêts & frais joints au capital de la Demoiſelle Sauveur, il ne lui étoit point dû 5000 livres *.

Page 16.

On ſe trompe. Le capital étoit de . . . . 3556 liv. 4 ſ. 8 den.
les intérêts montoient à . . . . 1183 liv. 19 ſ. 8 d.
& les frais à . . . . 425 liv.

Total . . . . 5165 liv. 4 ſ. 4. den.

Mais, dit-on encore , les 5000 tant de livres jointes aux autres créances déléguées par le contrat ſur les deniers du ſieur le Fevre , laiſſoient en les ſubſtituant tout à coup à la créance du ſieur Boutet , montante à 8000 livres , un vuide de 3000 livres*.

Page 14.

Ce vuide étoit rempli par les augmentations qu'il falloit faire aux autres parties , qui n'avoient pas été portées pour leur totalité , ni dans les mémoires du ſieur Bidault , ni dans le contrat.

On fait dire ailleurs à la Dame le Fevre ſur le même ſujet, que les intérêts & frais étant acceſſoires au principal, étant privilegiés lorſque le principal eſt privilegié , la délégation des capitaux emportoit celle des intérêts , & que par conſéquent le renvoi n'étoit pas néceſſaire, pour procurer plus de ſûreté & d'avantage au ſieur le Fevre *.

Page 21.

Ce raiſonnement pêche par deux endroits; 1°. en ce qu'il n'étoit mention d'intérêts ni de frais dans le corps du contrat ; 2°. en ce que le montant de chaque partie y étoit déterminément fixé, d'une maniere qui rempliſſoit l'emploi des 30000 livres ; en ſorte qu'il eût été impoſſible d'ajouter à aucune , ſans le changement autoriſé par le renvoi.

Sur la ſeconde propoſition , qui eſt fondée ſur ce que le renvoi eſt bien paraphé des Parties & des Notaires , & qu'il ne pouvoit rien revenir à aucun d'eux du prétendu faux, on ſe contente de faire dire à la Dame le Fevre *qu'elle a établi dans les preuves de l'abus de confiance , ce qu'il en revenoit à Michelin*.

Page 16.

Mais 1°. Me Michelin a au contraire démontré dans la premiere partie , qu'il ne lui en étoit rien revenu.

2°. Me Michelin n'eſt point le ſeul qui ait paraphé ce renvoi, toutes les autres Parties , le ſieur le Fevre lui-même, & Me Robineau l'ont paraphé , & on n'oſe pas faire dire à la Dame le Fevre qu'il en revint rien à Me Robineau , ni aux autres Parties. Il en revenoit ſeulement au ſieur le Fevre l'avantage de ſe procurer des privileges plus anciens & plus certains , & au ſieur Bidault une liberation plus prompte.

C'eſt quelque choſe de ſingulier que les défaites & les contradictions de la Dame le Fevre ſur la troiſiéme propoſition , concernant l'impoſſibilité morale , que l'on ait ſurpris le paraphe du ſieur le Fevre ſur le renvoi du contrat , en tournant le feuillet lors de la ſignature de l'Acte de décharge , & en lui faiſant parapher le renvoi du contrat, comme ſi ç'eût été un renvoi de la décharge.

Qui a dit à Michelin , ſe recrie-t'on , que le Fevre avoit paraphé le renvoi
ſur

*fur la minute du contrat , comme faifant partie de la décharge * ?*   * Ibid.

Qui l'a dit ? La Dame le Fevre elle-même dans tous fes écrits , ou plû-tôt celui qui l'a fait parler dans ces écrits. Voici dans quels termes elle s'eft exprimée à ce fujet dans fon premier Mémoire *. *Mͤ Michelin dreſſa*   * Page 8.
*le 12. Septembre 1738. la décharge des titres ; il fit figner & parapher par le Fevre cette décharge , & tout de fuite il lui fit parapher le renvoi ajouté fur la mi-nute. Il n'y avoit que le feuillet à tourner , parce que cette décharge eft précifément à la fuite de cette minute ; & dans fa Requête de conclufions civiles * la datte*   * Page 7.
de cette décharge eft du 12. Septembre 1738. en faifant figner la décharge par le Fevre , il lui fit parapher le renvoi ajouté à la minute du contrat de conſti-tution.

Qu'eft-ce que cela veut dire , finon que le Fevre a paraphé , fans fça-voir ce qu'il paraphoit , en croyant parapher , non un renvoi fur le con-trat , mais un renvoi fur l'Acte paſſé ce jour-là ? Sans cela il n'y auroit plus de furprife , & le fieur le Fevre auroit été lui-même complice du prétendu faux. Mͤ Montcrif voudroit-il , que pour lui complaire , la Dame le Fevre fit faire le Procès à la mémoire de fon mari ?

Sur la quatriéme propofition concernant l'ordre des paraphes, on n'o-feroit difconvenir contre l'évidence, que de fept endroits paraphés par les Parties, il n'y en ait dans lefquels le paraphe du fieur Bidault fe trou-ve le premier, & d'autres dans lefquels le fieur le Fevre a paraphé le fecond ; d'où il s'enfuit qu'on ne peut tirer d'inductions raifonnables de la différente pofition de ces paraphes.

Mais , dit-on , il faut diftinguer les paraphes *au bas des pages, où l'on a de l'efpace pour s'exercer , & où les paraphes ne font pas culbutés*, d'avec ceux *qui font fur la marge**.   * Nouveau Libelle de la Dame le Fevre, page 17.

Cette diftinction bien entenduë eft encore contraire au fyftême de la Dame le Fevre, parce que les renvois fur les marges peuvent plus aifé-ment échaper , & que par cette raifon il eft plus ordinaire d'oublier d'y mettre fon paraphe qu'au bas des pages.

Mais, ajoute-t'on, la Dame Bidault a répondu dans fon Interroga-toire *qu'elle avoit figné tout de fuite , & fans interruption* *.   * Ibid, page 18.

Mais parce que la Dame Bidault n'a oublié de mettre fa fignature en aucun des endroits où elle devoit être , s'enfuit-il que le fieur le Fevre ait auffi paraphé *tout de fuite* ? Quelle aſſurance peut-on avoir qu'il n'ait paſſé aucun renvoi , lorfqu'il a tenu la plume pour parapher ? S'il eft poffible qu'en paraphant d'abord', il ait fauté un renvoi , n'eft-ce pas une con-féquence que fon paraphe peut fe trouver le premier à deux renvois , & le dernier à un autre ?

Mͤ Michelin a demandé à la Dame le Fevre , s'il lui en auroit plus coûté de faire parapher le fieur le Fevre le premier au renvoi en queftion, qu'aux autres.

Oüi fans doute , répond la Dame le Fevre , *la différence eût été bien gran-de ; & où eft l'homme fi ignorant en affaires , qui s'avife d'aller figner feul un renvoi ajouté fur une minute parfaite , hors la préfence des Parties avec lefquelles il a contracté**.   * Ibid. page 17.

Où eft auffi l'homme fi ignorant en affaires qui figne , ou paraphe au

E

hazard fans lire ce qu'on lui préfente à figner ou parapher ? De deux chofes l'une, ou le fieur le Fevre a lû le renvoi avant de le parapher, ou il l'a paraphé fans le lire. La Dame le Fevre dira-t'elle qu'il l'ait lû ? En ce cas il a figné en connoiffance de caufe, & la Dame le Fevre pour l'honneur de fon mari, ne peut dire qu'il ait donné les mains à un faux. Dira-t'elle qu'il a paraphé fans lire, fans fçavoir ce qu'il faifoit ? Elle tomberoit en contradiction avec elle-même, parce qu'on ne peut attribuer cette ftupidité à un homme, n'y en ayant point quelque fimple, quelqu'inexpérimenté qu'on veuille le fuppofer, qui hazarde fa fignature, fans prendre garde à ce qu'il figne. On peut moins le préfumer du fieur le Fevre que d'un autre, lui qui fans avoir l'expérience des affaires, avoit un fond de bon fens & d'efprit naturel, qui l'avoit fait parvenir à la plus grande perfection de fon art. D'ailleurs le fieur le Fevre ayant paraphé le premier à plufieurs autres endroits, on ne voit point ce qui auroit pû l'empêcher de parapher de même à celui-ci.

Tout ce que l'on allegue de la part de la Dame le Fevre fur les dépofitions des Experts, n'eft pas mieux placé, après la vérification qui a été faite fur les piéces mêmes, à la confrontation de Foifnard avec Me Robineau. Y a-t il des raifonnemens & des conjectures qui puiffent prévaloir contre l'évidence qui réfulte de l'infpection des piéces ? Le moyen que l'on préfume que le paraphe qui eft au bas du renvoi du contrat, y a été mis le même jour, & dans le même inftant que les paraphes de l'Acte de décharge, quand on voit clairement, en confrontant ces paraphes, qu'il n'y a nulle fimilitude ni pour la plume, ni pour l'encre, ni pour la forme du paraphe ? C'eft là un fait certain & précis que toute la fubtilité de Me Montcrif n'éludera jamais. On a beau dire que le témoin qui fe retracte à la confrontation, s'expofe aux peines les plus rigoureufes. Il n'en eft pas moins vrai que Foifnard a été forcé de ceder à la vérité, qu'il s'eft retracté formellement par rapport à la différence des paraphes dans le coloris de l'encre, & qu'il s'eft retracté tacitement fur tous les autres points, par fon refus obftiné de répondre là-deffus aux interpellations du Juge.

Quelle autre idée pourroit-on fe former des différentes allégations répanduës dans le Libelle de la Dame le Fevre fur les dépofitions de Ducrot & de Gobin ? On differtera tant que l'on voudra fur la gradation de ces dépofitions. Rien ne prouve mieux combien celle de Gobin eft décifive en faveur de Me. Michelin, que la falfification que l'on a ofé hazarder fur la minute de fa confrontation, pour faire dire à ce témoin le contraire de ce qu'il avoit dit. Il n'eft point furprenant que dans un premier interrogatoire des témoins furpris & intimidés vacillent fur des interpellations aufquelles ils ne s'attendent point. Les idées fe retracent enfuite dans la mémoire, à mefure que l'on vient à réflechir fur l'affaire. N'eft-ce pas la raifon pourquoi l'Ordonnance permet d'ajouter ou diminuer au recollement ? C'eft le dernier état d'une dépofition qui fait toujours foi, parce qu'il eft le plus réflechi. Qu'eft-il befoin d'ailleurs de raifonnemens, où la chofe parle d'elle-même, lorfque les faits font fous les yeux ? Me Michelin a toujours dit que le renvoi étoit mal marqué, &

qu'il n'étoit point accompagné d'une barre, ou trait de plume. On ose soutenir le contraire dans le Libelle de la Dame le Fevre *. Me Michelin ne demande pas qu'on l'en croye sur sa parole, il n'est pas juste aussi d'en croire ses adversaires, surtout après la falsification trouvée sur la minute de la confrontation du sieur Gobin. Le vû de la piéce doit faire connoître qui est le plus vrai de Me Michelin, ou de ses adversaires. Cette preuve parlante est au-dessus de toute replique. C'est celle que Me Michelin invoque. Elle couvrira de honte des Calomniateurs qui osent soutenir le mensonge, avec le même air de confiance, qu'un homme d'honneur débite la vérité.

* Page 19.

Ce ne sont, à la septiéme proposition, que redites sur les délégations de la Demoiselle Sauveur, sur les changemens arrivés dans ces délégations, sur le tems que le mémoire du sieur Bidault a été remis à Me Michelin, sur la validité de la créance de la Dame de Jassaud, sur les transports faits à Etienette Carré, sur ce qui s'est passé aux scellés du sieur le Fevre, sur la conduite que Me Michelin a tenuë depuis, sur les lettres qu'il a écrites tant à la veuve le Fevre qu'à Me Montcrif, redites tant de fois discutées, & mises à leur vraie valeur dans le premier Mémoire de Me Michelin, & encore dans la premiere Partie de celui-ci, que ce seroît abuser de la patience des Juges, & de celle du Public, que d'entrer dans une plus longue discussion à ce sujet.

Me Michelin en a assez dit sur ce qui concerne le renvoi argué de faux, dans le Contrat du 3 May 1738, pour faire sentir la noirceur de la plainte hazardée sur ce chef, & l'illusion des sophismes ausquels on a eû recours de la part de la veuve le Fevre pour tâcher de la colorer. Le stile affecté du Libelle de la Dame le Fevre, ces phrases précieuses, ces mots bizarrement acouplés, *ces germes du faux, les séquences de ce germe, ces paraphes culbutés, ces tableaux changeans, les images du dol, de la fraude & du faux, les images de la vérité annoncées avec tant d'emphase*, ne feront point d'impression sur les esprits qui pensent, & qui sçavent que des mots ne sont point des preuves.

La plainte de faux contre l'acte de décharge du 12 Septembre 1738. auroit-elle plus de vraisemblance ?

Cet acte est signé du sieur le Fevre, il est de lui paraphé en plusieurs endroits, & l'on fait déclarer aujourd'hui bien nettement à la veuve le Fevre, *qu'elle n'a jamais argué de faux la signature & le paraphe de son mari.* *

* Page 23. du nouveau Libelle.

De quoi se plaint-elle donc ?

Elle s'est plaint, dit-on, * *de ce que le paraphe de son mari étant sur le premier renvoi de la minute du Contrat de constitution du 3 May 1738. & celui apposé au bas du premier renvoi de la décharge du 12 Septembre 1738. avoient été placés au même instant sur ces actes, quoique de nature différente.*

* Ibid.

Mais cette plainte que l'on fait placer judicieusement par la veuve le Fevre dans la partie de son Mémoire qui concerne le faux par elle supposé dans la décharge, ne tombe que sur le renvoi argué de faux dans le Contrat, & Me Michelin vient de démontrer que ce premier prétendu faux n'est ni vrai, ni vraisemblable.

Prétendroit-on le donner pour preuve du fecond ?

Ce feroit alléguer pour moyen ce qui eft en queftion , & convenir que la plainte contre le renvoi du Contrat anéantie , l'autre plainte n'auroit pas plus de fondement & devroit tomber d'une chute commune.

Cependant on revient encore à la charge dans le Libelle de la veuve le Fevre. Ruet , dit-on, celui des Experts dont M.e Michelin revendique le témoignage, *n'a pû s'empêcher de dépofer que cela pourroit être , fi la groffe du Contrat n'avoit pas alors été délivrée. Or dès que la groffe n'a été délivrée que le 12 Septembre 1738 , jour du paraphe du renvoi de la décharge , voilà une preuve complette du faux.* *

Le ftile entortillé du Libelle de la Dame le Fevre ne préfente que des idées louches. Veut-on dire que Ruet Expert ayant déclaré que l'on pourroit préfumer que le paraphe du renvoi argué de faux fur le Contrat du 3 May , auroit été fait en même tems que les paraphes du 12 Septembre , fi la groffe du Contrat n'eût été alors délivrée , cette préfomption de faux a toute fa force , dès que la groffe du Contrat n'a été délivrée que le 12 Septembre , & que par ce moyen le témoignage de Ruet Expert , cité par M.e Michelin pour fa décharge , tourne à fa charge?

Cet argument n'eft encore qu'un fophifme. Il fuffit en effet que la groffe du Contrat ait été délivrée le 12 Septembre , pour que l'on ne puiffe préfumer que les paraphes du renvoi du Contrat , & ceux de l'Acte de décharge ayent été mis le même jour. La raifon en eft fenfible. La groffe du Contrat n'a pû être délivrée le 12 Septembre , qu'elle n'eût été expédiée auparavant. Elle n'a été remife que ce jour-là au fieur le Fevre ; mais elle lui avoit été remife avant la fignature de l'Acte de décharge ; cet Acte même le porte. Or la groffe fuppofe néceffairement la minute parfaite & fignée en toutes fes parties , & par conféquent paraphée au renvoi argué de faux , comme aux autres. Si la minute étoit parfaite avant l'expédition & délivrance de la groffe, fi c'eft une conféquence néceffaire que le renvoi argué de faux avoit été précédemment paraphé fur la minute; on ne peut donc raifonnablement préfumer, ainfi que Ruet a eu le foin de l'obferver , que le paraphe du fieur le Fevre fur le renvoi argué de faux dans le Contrat , ait été mis dans le moment de la fignature & des paraphes de l'Acte de décharge.

Pourquoi donc le fieur Bidault interrogé , *fi les deux paraphes n'avoient pas été faits dans le même tems, a-t'il répondu nettement que le tout avoit été fait le 12 Septembre* * ?

Le fieur Bidault a été interrogé à trois reprifes ; la premiere fois le 17 Avril 1743. la feconde fois le 18 du même mois, & la troifiéme fois le 6 Décembre fuivant. La réponfe alléguée dans le Libelle de la Dame le Fevre eft tirée de l'Interrogatoire du 18 Avril, lors duquel le fieur Bidault, à qui l'on avoit fait paffer deux nuits dans un cachot, avec les plus mauvais traitemens, quoique malade, fe trouvoit fi ému, & fi hors de lui, qu'il ne put fe contenir, & qu'imputant fes fouffrances à Monfieur le Lieutenant Criminel, il le récufa, & protefta contre tout, fans vouloir figner fon interrogatoire, ce qui lui valut encore une nuit de
prifon ,

prifon , M. le Lieutenant Criminel ayant crû devoir l'y envoyer , pour vanger la Magiftrature offenfée en fa perfonne. De tous les interrogatoires du Sr Bidault, c'eft-là affurément celui qui mérite le moins d'attention. La colere eft une paffion violente qui ne laiffe point l'ufage de la raifon. A quoi au furplus fe rapporte la réponfe en queftion ? L'acte de décharge eft communiqué au fieur Bidault avec le Contrat du 3 Mai, pour y examiner fes paraphes , & ceux du fieur le Fevre. Sur cette communication, le Sr Bidault répond , que *c'eft le même paraphe de le Fevre , dans le tems qu'il a paraphé conjointement avec lui Répondant , & que le tout a été fait le 1 2 Septembre.* Cela veut-il dire que le Contrat du 3 May & l'acte du 1 2 Septembre ont été faits le même jour ? On n'oferoit porter l'extravagance jufques-là dans le Libelle de la Dame le Fevre. Que fignifient donc ces mots , *le tout a été fait le même jour?* Ils font relatifs à ce que le Sr Bidault venoit de dire, que le Sr le Fevre *avoit paraphé conjointement avec lui Répondant* , & que c'étoit bien le paraphe du fieur le Fevre. Le Sr Bidault ne portoit fa penfée que fur le paraphe du fieur le Fevre, & fur ce qu'ils avoient paraphé conjointement l'acte de décharge , dont il entendoit que toutes les parties avoient été arrêtées le 1 2 Septembre. Toutes les autres réponfes du fieur Bidault dans fes trois interrogatoires ne laiffent aucun doute à cet égard. Dans fon premier interrogatoire du 1 7 Avril , le fieur Bidault interrogé nommément fur le renvoi du Contrat du 3 May argué de faux, *a dit que lors de la lecture du Contrat , la réflexion vint à lui Répondant , fur ce que lui avoit dit Me Chaftenet fon Procureur, que la Demoifelle Sauveur le pourfuivoit pour configner le prix de fa Charge , que lui Répondant pria le Fevre pour fa libération , de vouloir bien confentir à payer Sauveur au lieu de Boutet , & que le Fevre répondit , volontiers , Monfieur , puifque cela tend à votre libération.* Et en un autre endroit, *enquis fi lors de la paffation du Contrat du 3 May 1738. il a figné & paraphé de fuite & fans interruption le bas des pages & la fin de l'acte , a dit , après avoir vû & examiné de nouveau ledit Contrat , que tous les paraphes qui font* AUX RENVOIS, *au bas des pages , & à la fin dudit acte , ont été faits ledit jour 3 May & dans le même tems.* M. le Lieutenant Criminel infifta & lui remontra *que le premier renvoi étant fur la minute dudit Contrat n'étoit pas écrit de la même main , que celle qui avoit écrit le contenu dudit Contrat , que ce renvoi & les paraphes qui le foufcrivoient étoient d'une encre beaucoup plus noire & plus fraîche, ce qui démontroit vifiblement que ce renvoi avoit été ajouté bien après coup & après la perfection dudit Contrat.* Le fieur Bidault répondit auffi-tôt fans balancer, *qu'il reconnoiffoit fon paraphe & non autre chofe , & qu'il ne fçavoit pas fi le renvoi étoit d'une autre écriture que le contexte , ne s'étant pas attaché , lorfqu'il avoit paraphé, à examiner fi c'étoit de la même écriture , ou non , mais qu'il avoit paraphé ledit renvoi tel qu'il étoit , & au-deffous de l'écriture qui y étoit, dans le même tems , & dans le même inftant qu'il avoit figné ledit Contrat , & fait les autres paraphes.* Il a foutenu conftament la même chofe fur trois interpellations de M. le Lieutenant Criminel concernant la différence qui fe trouvoit dans l'ordre des paraphes aux différens endroits ; & dans fon interrogatoire du *6* Décembre, enquis encore par M. le Lieutenant Criminel, *s'il perſiſtoit à ſoute-nir que le renvoi avoit été placé & paraphé à l'inſtant de la ſignature dudit Con-trat, a dit que lui Répondant, ſa femme, le Fevre, & Michelin étoient ſeuls préſens lors de la rédaction & ſignature dudit Contrat, & qu'il perſeveroit à ſoutenir que le renvoi avoit été placé & paraphé à l'inſtant de la ſignature du-dit Contrat.* Où eſt donc la bonne foi de citer le témoignage du ſieur Bidault pour établir un fait qu'il a toujours conſtament dénié ?

Ce que l'on fait relever d'ailleurs par la Dame le Fevre dans l'acte de décharge, ne conſiſte qu'en des minuties, dont le faux auroit été ſans objet.

Ces allégations de faux ſe réduiſent à deux points, ſçavoir l'addition prétendue de ces mots, *lui a lui-même délivré*, & le changement de la lettre *A*, en la conjonctive *&*.

Me Michelin a obſervé que ces termes *lui a lui-même délivré*, étoient néceſſaires dans le renvoi, pour conſerver le ſens de l'acte. Que por-toit en effet cet acte ſans le renvoi ? Il portoit que le ſieur Bidault avoit remis au ſieur le Fevre les pieces y énoncées. Le renvoi n'ayant pour objet que la remiſe de la groſſe, il falloit que ce renvoi fut conçû dans des termes qui ne fuſſent pas contraires au contenu du corps de l'acte, & il étoit indiſpenſable pour cela d'y mettre les mots qui font le ſujet de la plainte de la Dame le Fevre. N'en fait-on pas l'aveu dans ſon Libelle, lorſque l'on y convient, qu'avec le renvoi *le premier ſens de l'acte ne ſe rencontroit plus**? Il ne ſe rencontreroit plus en retranchant les mots en queſtion, mais avec ces mots le ſens eſt toujours le même, d'où il s'en-ſuit qu'ils ont d'abord fait partie du renvoi.

* Page 24.

On ne peut encore diſconvenir dans le Libelle de la Dame le Fe-vre, que le changement de la lettre *A* en la conjonctive *&* étoit néceſ-ſaire pour la liaiſon de l'acte.

A quoi auroit ſervi d'ailleurs à Me Michelin de commettre un pa-reil faux ? Ne lui eût-il pas été indifférent que les pieces paruſſent re-miſes par lui, ſi ce n'avoit été la vérité qu'elles avoient été remiſes par le ſieur Bidault ?

Il eſt donc évident que le faux imaginé dans l'acte de décharge au-roit été abſolument ſans objet, ce qui ſeul ſuffiroit pour faire rejetter la plainte, parce qu'encore une fois on ne préſume jamais que perſonne faſſe le mal pour le mal.

On va aujourd'hui plus loin dans le Libelle de la Dame le Fevre ; on y prétend que le faux de la remiſe des pieces eſt prouvé, parce que ces pieces ne ſe ſont point trouvées ſous les ſcellés du Sr le Fevre *.

* Ibid, page 24.

* Page 7. ſuprà.

Mais la raiſon pour laquelle elles ne s'y ſont point trouvées, a été expliquée dans le premier Mémoire de Me Michelin *. Le ſieur le Fevre après avoir reçu ces pieces les a depuis confiées à Me Michelin, afin d'en tirer des extraits dont le ſieur Bidault avoit beſoin, tant pour les main-levées portées dans les quittances, que pour retirer différentes pieces en-gagées dans l'Inſtance de la Demoiſelle Sauveur ; Me Michelin mérite d'autant plus de foi ſur ce point, que rien ne le chargeoit, qu'il auroit pu ser enfermer dans la décharge du 12 Septembre 1738 , & que c'est de son propre mouvement, par esprit de bonne foi, qu'il a dit naïvement de quelle maniere les choses s'étoient passées. Est-il permis d'abuser contre lui de sa candeur , de sa sincérité ?

On déclame encore dans le Libelle de la Dame le Fevre , on crie à la prévarication , comme si Me Michelin avoit confié au sieur Bidault *les premieres grosses des rentes remboursées , au risque de faire perdre au sieur le Fevre ses hypotéques* * , si le sieur Bidault qui en étoit le débiteur les avoit détournées.

* Libelle de la Dame le Fevre, page 24.

Mais jamais Me Michelin n'a dit qu'il eût confié aucunes grosses au sieur Bidault. Il n'a cessé de dire au contraire, qu'il avoit fait faire des cahiers contenant les extraits de ces piéces, & qu'il les avoit collationnés & remis au sieur Bidault à mesure qu'il en avoit eu besoin.

Enfin, on argumente encore dans le Libelle de la Dame le Fevre sur ce que le sieur Bidault a dit dans un endroit de son interrogatoire, qu'il n'étoit point présent à l'Acte de décharge, & dans un autre endroit, qu'il n'étoit point présent lors de la remise des piéces, mais qu'il étoit présent lors de la décharge *.

* Ibid. pag. 24. & 25.

Si le sieur Bidault a déclaré le pour & le contre, comme la Dame le Fevre le dit ici expressément , il ne peut être croiable en cela , parce qu'il n'est pas possible que la même chose soit & ne soit pas. Il ne seroit pas au surplus extraordinaire qu'il fût échappé des réponses obscures & ambiguës au sieur Bidault dans des momens de trouble & d'agitation : mais il seroit injuste de s'arrêter à ces réponses , qu'autant qu'elles peuvent être conformes à la teneur des Actes , contre le contenu desquels les Ordonnances deffendent d'admettre la preuve testimoniale.

Il ne reste plus qu'à discuter ce qui concerne la falsification faite sur le cahier d'Extraits.

On a raison de dire dans le Libelle de la Dame le Fevre, que le faux de cette partie *est si visible qu'on ne peut s'y tromper**. C'est la même chose que celui nouvellement découvert sur la minute du cahier des confrontations. Sans doute ceux qui ont commis l'un & l'autre avoient intérêt de les commettre.

* Ibid. page 27.

Me Michelin a démontré avec la derniere évidence dans son premier Mémoire , que c'étoit sans raison qu'on avoit imaginé que ce cahier renfermoit toutes les piéces énoncées dans l'Acte de décharge du 12. Septembre 1738. & qu'il en avoit falsifié la datte par la nécessité de la faire quadrer avec celle de l'Acte de décharge.

Le moyen en effet de soutenir cette imagination , quant à la simple lecture de l'Acte de décharge , on voit qu'il énonce d'autres piéces, & même d'autres extraits que ceux renfermés dans le cahier, & qu'il n'est même mention d'aucun cahier dans cet Acte, mais de piéces originales, & d'extraits séparés les uns des autres ?

On avoue dans le Libelle de la Dame le Fevre * qu'il n'est pas mention dans ce cahier ni de la grosse du contrat de constitution remboursé à Cay Chirurgien , ni de l'extrait de la quittance de ce remboursement ;

* Page 27.

mais, dit-on, ç'a été une ineptie de la part de *Michelin* de faire mention dans sa décharge de la remise d'un extrait de cette quittance, puisqu'elle étoit expédiée en entier ensuite de la grosse qu'il étoit présumé remettre.

Ineptie ou non, il n'en est pas moins certain que ces piéces entrent dans la remise faite par l'Acte du 12. Septembre, & qu'elles ne font point partie du cahier en question; d'où il s'ensuit que les piéces remises par cet Acte, & le cahier falsifié font des choses différentes, & que par conséquent il n'a pas été nécessaire de falsifier la datte de ce cahier, pour la faire quadrer avec celle de la décharge.

Page 26.   Il est bien vrai, dit on encore dans le Libelle de la Dame le Fevre *, que l'Acte *porte que Bidault a remis l'extrait de telle piéce, l'extrait de telle autre, &c. mais on n'y trouvera sûrement pas qu'il fasse mention que ces extraits fussent séparés les uns des autres.*

On n'y trouvera sûrement pas aussi qu'il fasse mention que ces extraits fussent en un cahier, & cette mention ne s'y trouvant point, de quel droit prétend-on la suppléer?

On objecte que le sieur Bidault *interrogé* s'il reconnoissoit l'extrait falsifié pour être le même, que celui destiné pour le Fevre, a répondu sans hésiter, que c'étoit le même que celui qu'il avoit remis à Michelin pour le remettre au sieur le Fevre, & qui avoit dû être remis le 12. Septembre 1738. & qu'il n'avoit point été fait pour l'usage particulier de lui Bidault *.

Ibid. pag. 27.   C'est une des réponses faites par le sieur Bidault dans ces momens critiques, où un homme malade, qui se croit injustement emprisonné, s'abandonne à sa douleur. Aussi les a-t-il formellement retractées à son recollement, qui porte qu'il persiste dans ses réponses, *fors qu'il ajoute que le contrat de constitution a été écrit de la main d'un Clerc, & que ledit contrat, & tous les Actes en question ont été signés & paraphés de toutes les Parties aux jours de leurs dattes, & exécutés en tout leur contenu,* QUE LE CAHIER D'EXTRAITS *qui lui a été représenté lors de son interrogatoire, est différent des Extraits qu'il a effectivement délivrés ledit jour 12 Septembre 1738 lors de quoi lui Bidault étoit présent . . . . . & que si dans ses interrogatoires il a répondu quelque chose de contraire à la verité, c'est par erreur, & parce qu'il étoit dans un état de maladie considerable . . . . . . & que s'il a signé le lendemain son interrogatoire, ce n'a été que pour se procurer sa liberté, & qu'il avoit bien senti que cela ne pouvoit tirer à aucune consequence.*

On s'est bien attendu de la part de la Dame le Fevre, que l'on ne manqueroit pas d'opposer le recollement & la confrontation, à l'abus qu'elle feroit de quelques endroits tronqués & équivoques des interrogatoires du sieur Bidault, & l'on a cherché à la sauver par une distinction qui est ici totalement déplacée. *Que Michelin & Bidault ne s'y trompent point*, dit-elle *, il n'en est pas du recollement des accusés, comme du recollement des témoins. Le premier interrogatoire de l'accusé fait preuve.*

Ibid. page 27.   Mais la Dame le Fevre ne fait point attention, que sur ce qui concerne la falsification du cahier d'Extraits, le sieur Bidault est témoin, & non accusé. La plainte de la Dame le Fevre en cette partie ne porte en aucune

maniere

maniere contre le sieur Bidault, qui par conséquent a pû à son recollement ajouter ou diminuer à sa déposition, conformément à l'article 5.
du Titre 15. de l'Ordonnance de 1670. Où est d'ailleurs la disposition
de l'Ordonnance qui deffende aux accusés de s'expliquer dans leurs recol-
lemens, & de se rectifier sur les erreurs qui peuvent leur avoir échapé
dans ces momens, où la présence d'esprit manque souvent aux personnes les plus fermes & les plus constantes ?

Etoit-ce la peine que Me Montcrif prît tant de formes, qu'il jouât tant
de rolles & si opposés, pour mettre sur la scene une piéce aussi mal con-
certée, une piéce dont l'intrigue developpée à la face de la Justice, doit le
couvrir d'un éternel opprobre ? Voilà où aboutissent tant & tant d'im-
postures, tant & tant de falsifications entassées les unes sur les autres.

Cependant Montcrif a encore le front de soutenir les regards de la
Justice, après que le masque lui a été arraché. Il convient qu'il est tout
à la fois *conseil & témoin* dans cette affaire. Il est plus, il est & a toujours
été le Procureur de la Dame le Fevre. Le nom de Me Colin dont il se
couvre encore, n'est qu'un nom emprunté. Il n'oseroit le nier. S'il l'o-
soit, Me Colin le démentiroit ; mais où est la Loi, se recrie-t'il, qui deffend d'être conseil, Procureur & témoin dans la même affaire * ?

Où elle est ? Tout autre que Me Montcrif feroit-il cette demande ?
Elle est dans le cœur de tous les hommes. C'est le droit de la nature qui
deffend de servir de témoin dans sa propre cause. Le Procureur ne repré-
sente-t'il donc pas la personne dont il stipule les droits ? Que le conseil,
que le Procureur de la Dame le Fevre lui serve de témoin, n'est-ce pas la
même chose que si elle se servoit de témoin à elle-même ?

Montcrif a beau dire que l'Ordonnance enjoint à toutes les personnes
appellées en témoignage de déposer, qu'elle n'excepte personne, pas
même *le Sacerdoce, tant seculier que regulier* *.

La Loi ne dispense personne d'être témoin dans toute autre cause que
la sienne ; mais la Loi qui est toujours sage & raisonnable, n'a jamais ad-
mis le témoignage de personne en sa propre cause. Autant vaudroit dire
que la Loi permet d'être Juge & Partie, ce qui repugne à tous les
principes.

Hé si Me Montcrif pouvoit être en même-tems Procureur de la Dame
le Fevre & l'un de ses témoins, d'où vient qu'il a affecté d'emprunter le
nom de Me Colin ? D'où vient Montcrif, qui jusques-là avoit toujours paru le Procureur de la Dame le Fevre, a-t'il abdiqué cette qualité en appa-
rence, & s'est-il caché sous le nom d'un de ses Confreres ? N'est-il pas évident qu'il n'a pris ce détour, que parce qu'il auroit souslevé tous les esprits, s'il avoit fait à découvert les rolles de Procureur & de témoin dans
la même affaire ? La conduite de Montcrif dément ses discours.

Mais qu'ais-je déposé, ajoute-t'il, qui ne soit prouvé litteralement,
& avoué par Michelin * ?

Il est vrai qu'il a articulé des faits dont Me Michelin convient, dont
Me Michelin tire même avantage. On trouve dans la déposition de

* Pages 28. 29. &
30.

* Ibid.

* Ibid. page 31.

Montcrif des preuves de la bonne foi avec laquelle Me Michelin s'eſt livré. On y voit que c'eſt Me Michelin qui a fait remarquer à l'inventaire
du ſieur le Fevre, que les titres de ſubrogation manquoient; on y voit que
Me Michelin, au lieu de ſe renfermer dans l'Acte de décharge, a fait toutes les recherches poſſibles pour raſſembler ces titres. Mais ces traits de
vérité échapés à Montcrif ſont confondus avec les traits de la calomnie.
Le ſerpent eſt caché ſous les fleurs. Me Montcrif empoiſonne tout ; il
fait dire & faire à Me Michelin ce que Me Michelin n'a jamais dit ni fait.
Il eſt faux par exemple que Me Michelin eût promis de rapporter les titres
de ſubrogation d'une vacation à l'autre. Comment auroit-il fait cette pro-
meſſe dans l'incertitude où il étoit, s'il les avoit ou non ? Il eſt faux que
Me Michelin en portant à Me Montcrif le petit nombre de piéces qu'il
avoit retrouvées ſur cette affaire, & entre autres le cahier d'Extraits, ait
dit à Montcrif que c'étoient les mêmes piéces qui avoient été remiſes au
ſieur le Fevre le 12. Septembre 1738. Le cahier d'Extraits n'étoit point
du nombre de ces piéces. Il avoit été fait poſtérieurement pour le ſieur
Bidault ; mais il pouvoit ſervir d'indication à la Dame le Fevre. Il eſt
faux encore que Me Michelin en remettant ces piéces à Montcrif, ait
tiré de ſa poche une poignée de loüis d'or, & qu'il ait tenu le diſcours
que Me Montcrif lui prête. Toutes ces épiſodes, que Montcrif regarde
comme *l'aſſaiſonnement* de l'affaire, ſont des enfans de ſon imagination.

En vain Me Montcrif voudroit-il qu'on lui ſçût gré de cet *aſſaiſonne-*
ment ; en vain inſinue-t'il que c'eſt une préparation à un fait juſtificatif
pour Me Michelin*.

Ces *aſſaiſonnemens* n'ont jamais été du goût de Me Michelin. Il n'a pas
beſoin d'avoir recours au menſonge pour ſe deffendre ; il ne connoît que
la vérité ; c'eſt en elle qu'il met toute ſa confiance ; c'eſt elle ſeule qui,
aux yeux de la Juſtice, doit triompher de la calomnie.

N'eſt-il pas ſingulier après cela de voir encore Montcrif demander
pourquoi *Michelin, ſi délicat ſur l'incompatibilité qu'il trouve entre la qualité*
de conſeil, & celle de témoin, a tâché néanmoins de mettre à profit les déclara-
tions de Ducrot, de Jarry, & de Gobin, trois de ſes Clercs, contre leſquels relati-
vement à leur état de domeſticité, la Loi a ſingulierement voulu qu'on ſe tînt ſur
ſes gardes.

Me Montcrif auroit bien de la peine à prouver que l'état de Clerc, &
ſurtout celui de Clerc de Notaire, tienne de la domeſticité. C'eſt le no-
viciat pour parvenir au Notariat. Mais ſans entrer dans cette diſcuſſion,
Montcrif trouvera-t'il bon que Me Michelin lui demande à ſon tour, à
la réquiſition de qui Ducrot, Jarry, & Gobin ont été entendus ? C'eſt la
veuve le Fevre qui les a appellés en témoignage ; ce ſont des témoins
qu'elle a elle-même choiſis. Peut-elle après cela les ſuſpecter ? Il ne te-
noit qu'à elle de ne les point faire entendre, de ne les pas adminiſtrer au
nombre des témoins ; mais après qu'elle a deſiré & requis qu'ils fuſſent
entendus en cette qualité, elle ne peut recuſer leur témoignage, ni empêcher que, conformément aux Ordonnances, leurs dépoſitions n'ayent
lieu pour la décharge de l'accuſé, dès qu'elles lui ſont favorables.

Il reſtoit à Montcrif d'apprendre les noms des autres témoins. Ceux qu'il nomme ſont, *Madame la Comteſſe de Jaucourt, le ſieur Guymont Gentilhomme ordinaire, le ſieur Huguet ci-devant Intendant de Madame de Jaucourt, & le ſieur Duval Huiſſier Commiſſaire Priſeur**. Montcrif vante la probité de tous ces témoins, & il a raiſon ; mais y en a-t'il un ſeul qui ait chargé Mᵉ Michelin d'aucune des imputations dont Montcrif a oſé le noircir ? C'eſt là le point ſur lequel Montcrif coule avec rapidité, parce qu'en effet toutes les dépoſitions de ces témoins tournent à la décharge de Mᵉ Michelin ; & n'eſt-ce pas une nouvelle preuve de l'innocence de Mᵉ Michelin, que tant de témoins, dont la probité eſt univerſellement reconnue, ſe réuni .ent pour ſa juſtification ?

Montcrif en conclut que mal à propos il a été accuſé d'avoir voulu ſéduire les témoins. La ſéduction peut-elle s'étendre ſur des perſonnes de cette conſideration * ?

Qu'eſt-ce encore que cette défaite ? Sans doute ces témoins ſont par leur état & par leur probité au-deſſus de la ſéduction ; mais eſt-ce une raiſon pour que l'on n'ait pû tenter de les ſéduire ? Quand une fois on a débuté dans les voyes de l'iniquité, tout paroît expédient, tout paroît légitime, pour parvenir à ſon but. Ce n'eſt pas au ſurplus de ces témoins que Mᵉ Michelin a entendu parler, lorſqu'il a relevé la ſéduction. Il a aſſez fait connoître ſur qui il la faiſoit tomber, ſçavoir, ſur le ſieur Bidault & ſur les deux experts, & la preuve en eſt plus que complette dans les confrontations.

Les derniers efforts de Mᵉ Montcrif viennent échouer contre la Requête de Mᵉ Robineau.

Rien de plus déſeſperant pour la cauſe de la Dame le Fevre, que l'aveu arraché à Foiſnard Expert, & plus encore le ſilence auquel il a été réduit, ſur le vû des piéces, à ſa confrontation avec Mᵉ Robineau.

L'interpellation étoit preſſante & déciſive. Les deux piéces, la minute du contrat du 3. Mai 1738. & l'Acte de décharge du 12. Septembre ſuivant, étoient ſous les yeux du Juge & des Parties. Tant que Foiſnard, inſtruit par Mᵉ Montcrif avoit parlé ſeul, ſans contradicteur, il avoit dit tout ce qu'il lui avoit plû. Mais la Loi a établi la confrontation, afin que par une contradiction légitime la vérité puiſſe s'éclaircir. Foiſnard n'a pû tenir à cette épreuve. Le faux or diſparoît au creuſet. Foiſnard a commencé par ſe couper ſur le coloris de l'encre. Preſſé ſur les autres chefs il eſt demeuré muet.

L'Ordonnance, dit Montcrif, *ne permet à l'accuſé d'interpeller le témoin, que lorſqu'il remarque dans ſa dépoſition, quelque contrarieté ou circonſtance qui puiſſe éclaircir le fait, & juſtifier ſon innocence *.*

Hé quelle contrarieté plus marquée, que celle que préſente la ſimple inſpection des piéces, ſur leſquelles tombe la dépoſition de l'Expert ou du Témoin ? Quand l'Ordonnance preſcrit de dépoſer les piéces au Greffe, c'eſt afin qu'on les examine, & que l'on confronte la preuve teſtimoniale avec la preuve litterale. A quoi eut ſervi au Juge d'avoir ces piéces devant lui à la confrontation, s'il n'avoit pas été permis d'en

* Ibid. page 31.

* Ibid.

* Ibid.

faire ufage ? Y a t'il rien d'ailleurs qui puiffe mieux juftifier l'innocence, lorfqu'elle eft bleffée par une dépofition contraire à la vérité, que d'oppofer la preuve litterale à cette dépofition, que de la détruire par les piéces mêmes qui en font l'objet ?

On ne trouve, ajoute Montcrif, *dans l'interpellation de Robineau, qu'un accufé qui veut s'ériger en Expert, & décider fur un art qui n'eft point de fon reffort* *.

* Ibid.

Si Me Robineau n'eft point un Expert, Foifnard en avoit d'autant plus d'avantage fur lui, & le filence de cet Expert n'en eft, par cette raifon, que plus concluant. C'eft donc la force feule de la vérité qui l'a emporté fur un art impofteur.

Foifnard, dit encore Montcrif, avoit dépofé le contraire auparavant, & cela déterminé par tous les *diagnoftiques*.

Me Montcrif croit avoir tout dit, quand il a débité avec emphafe des mots finguliers. Mais ces *diagnoftiques* fur lefquels Foifnard s'étoit fondé dans fa dépofition, pourquoi ne lui font ils pas revenus à fa confrontation ? Alléguer aujourd'hui la dépofition de Foifnard pour moyen, c'eft donner pour preuve ce qui eft en queftion, c'eft une pétition de principe, qui ne peut faire la moindre impreffion fur les perfonnes inftruites.

* Ibid. page 32.

On en revient toujours dans le Libelle de la Dame le Fevre * à l'article 11 du tit. 15 de l'Ordonnance de 1670. qui porte que les Témoins, qui depuis le recollement retracteront leurs dépofitions, ou les changeront dans des circonftances effentielles, feront pourfuivis & punis comme faux Témoins.

Ne diroit-on pas que Me Michelin a intéreft que Foifnard ne foit pas pourfuivi & puni comme faux Témoin ? Il ne s'agit pas ici de fçavoir fi Foifnard a fçû qu'il fe compromettoit avec l'Ordonnance, & s'il eft dans le cas d'être puni. Il eft queftion de vérifier fur la confrontation de Foifnard avec Me Robineau, fi cet Expert ne s'eft pas véritablement démenti fur un point important, & fi fon filence fur tout le refte ne fait pas fa condamnation. Il la fait d'autant plus, que l'infpection feule des piéces prouve évidemment la fauffeté de la premiere dépofition de Foifnard.

Tout eft marqué à un coin fingulier dans le Libelle de la Dame le Fevre. On y raifonne très-longuement fur ce que Me Robineau a dit qu'après plufieurs années il ne pouvoit fe fouvenir du jour précifément que le Contrat avoit été paffé, mais qu'il fe fouvenoit parfaitement d'en avoir figné & paraphé la minute en une feule fois, parce que s'il l'avoit fait à deux reprifes différentes, & à des diftances éloignées l'une de l'autre, il auroit commis un crime, ce qu'il n'auroit pû faire fans une attention qui lui en rappelleroit le fouvenir. La chofe parle d'elle-même, & ce feroit perdre le tems inutilement, que de l'employer à détruire des fophifmes, qui tombent par la feule évidence de la propofition qu'ils combattent.

Un dépôt fait chez M^e le Moine Notaire, le 10 May 1738. en exé-

cution du renvoi argué de faux fur le Contrat du 3 du même mois, a toujours paru à Me Robineau , ainfi qu'à Mc Michelin , une preuve fans replique de l'exiftence de ce renvoi long-tems avant l'époque du 12 Septembre , à laquelle il a plû à Me Montcrif de le fixer.

Me Montcrif prétend qu'au contraire *cet acte de dépôt caractérife de plus
en plus le faux* *. Il annonce là-deffus la preuve la plus concluante ,
avec ce ton qui paroît affuré de la victoire. *N'imitons pas nos adverfaires ,*
dit-il , *prouvons.*

Mais quand après ces magnifiques promeffes on continue de lire ,
que trouve-t'on ? Des lieux communs, des fuppofitions , & pas l'om-
bre de preuve.

1°. Le Libelle de la Dame le Fevre fuppofe que la Demoifelle Foucault étoit déléguée par le Contrat du 3 May, pour 6000 liv. de principal , *indépendamment des interefts* , ce qui eft faux , le Contrat ne faifant aucune mention d'intérefts , & la délégation y portée étant déter-
minée & fixée pour une fomme de 6000 liv. précifément , fans diftinction. Le fieur Bidault n'a donc pû dépofer le 10 May 6638 livres pour
cette partie, qu'en vertu du renvoi qui l'autorifoit à payer, avec les deniers
du fieur le Fevre, de plus groffes fommes, que celles portées d'abord au
Contrat.

2°. S'il n'étoit pas poffible *d'affeoir un payement fur la foi d'un acte impar-
fait , ni d'opérer une fubrogation dans laquelle cet acte devoit être datté & énoncé,*
comme l'auteur du Libelle l'obferve fort judicieufement *, n'eft-ce pas
une conféquence, qu'il n'y auroit pas eu de poffibilité de faire le depôt ,
furtout de le faire chez un autre Notaire , le même acte y étant datté
& énoncé , fi le renvoi qui a été la bafe du dépôt, comme il l'auroit été
d'un payement définitif , n'avoit alors exifté ?

3°. On a répondu ci-deffus à toutes les allégations hazardées dans le
Libelle contre les créances de la Demoifelle Foucault & de la veuve
Laty. Il eft bien furprenant que Me Montcrif, qui a eu dans fes mains tous
les titres de fubrogation fur cette partie, ainfi que fur toutes les autres,
& qui a dû y voir que ces créances qui ne montent en principal & intérefts qu'à 6638. livres , font privilégiées fur des fonds qui valent plus
de 20000 livres , s'obftine à traiter tout ceci de *brigandage* *. Que répondre à un homme qui fe joue de la vérité , qui écrit contre les titres ,
& contre l'évidence , & qui ne connoît aucunes regles , ni de juftice , ni
de bienféance ?

Quels fruits Me Montcrif efpere-t'il maintenant recueillir de toutes
fes manœuvres ? Quel a été le fuccès de ces affreux refforts mis en œuvre pour écrafer l'innocence ? Me Michelin trouve fon falut dans la malice même de fes ennemis , *falutem ex inimicis ;* plus ils font d'efforts
pour le noircir , plus ils le juftifient.

Comment en effet foutiennent-ils leurs accufations ? On l'a vû , ce
n'eft qu'à force de déguifemens , en tronquant les piéces , en altérant
les dépofitions des Témoins , en commettant eux-mêmes les crimes
qu'ils ofent imputer à Me Michelin. Car enfin , n'eft-ce pas avoir abufé

de la confiance de la Dame le Fevre, que de l'avoir embarquée dans un procès auſſi injuſte qu'odieux, qui ne peut tourner qu'à ſa honte & à ſa ruine ? Et que peut-on d'ailleurs penſer de ces deux faux éclos tout-à-coup, l'un ſur une piéce qui n'étoit point ſortie depuis ſix mois des mains de Me Montcrif, l'autre ſur la minute du cahier des confrontations, lorſqu'il eſt évident que ces faux ne pouvoient ſervir à Me Michelin, qu'au contraire ils n'ont pû être imaginés que pour lui nuire, & que l'on s'en eſt effectivement prévalu dans les Libelles de la Dame le Fevre, pour tourner à la charge de Me Michelin ce qui eſt à ſa décharge ?

Tel eſt le ſort de l'impoſture de périr par ſes propres armes. Son ſouffle empeſté raſſemble les nuages les plus noirs & les plus épais, il enveloppe la vérité de toutes parts, une nuit éternelle va dérober ſa lumiére à nos yeux ; vains efforts ! la vérité perce, la vérité ſort plus vive & plus brillante du fond de ces ténébres.

Signé, MICHELIN.

Me THOREL, Avocat.

DE COURCHANT, l'aîné, Proc.

De l'Imprimerie de C. F. SIMON, rue de la Parcheminerie. 1744.